LA ROYAUTÉ

LA FORTUNE DE LA FRANCE

ET LA

FORTUNE DE LA RÉVOLUTION

Par CHAVANON

Avocat et Rédacteur en chef de l'*Océan*

PRIX : 10 CENTIMES

BREST

IMPRIMERIE F. HALÉGOUET, RUE KLÉBER, 11

—

1881

cadavres de plus de 1,200 chevaliers et de 30,000 soldats jonchaient le sol !

Vers le soir, errant et fugitif, le roi de France quittait les champs de Crécy ; après des prodiges de valeur, le royal vaincu frappait à la porte du manoir d'un de ses gentils-hommes, pour y passer la nuit.

« Ouvrez, ouvrez, c'est la fortune de la France ! »

Trahi par le destin, le Roi dans les plis de son manteau, emportait cette fortune, momentanément abaissée, prompte à se relever par la puissance et la force d'une institution, dont les racines vivaces plongeaient dans le sol et dans la race.

Charles V, dit le Sage, prit en mains l'œuvre de réparation qui, après des péripéties diverses, devait s'achever par les prodigieux exploits de la vierge de Vaucouleurs.

Le roi de Bourges, couronné à Reims, reportait au zénith cette fortune de la France, abritée pendant une nuit d'orage sous le toit d'un modeste manoir. Au moment où on la croyait à jamais disparue, elle jaillissait, après un siècle d'éclipse, dans toute la puissance et l'éclat de sa majesté.

Elle aussi, la Révolution, a sa fortune, alors que la miséricorde divine lassée, cède le pas à l'inflexible justice, pour le châtiment des peuples coupables. Favorisé par la puissance de l'esprit du mal, le scandale de ses succès étonne le monde.

La fortune de la Révolution, déesse impitoyable, promène son char, armé de faulx, broyant les peuples sur son passage, laissant après elle une longue traînée de sang et de boue !

Soyons sûrs que ce n'est pas là une force naturelle; les instruments les plus abjects les plus vils, la servent, le ridicule devrait suffire à en faire justice, et les générations avilies s'agenouillent, décernant les honneurs de l'apothéose à des mannequins qu'elle a tirés du ruisseau.

Victimes eux-mêmes de la dépression générale des âmes, des esprits sages s'ingénient, hélas! à voir la grandeur là où il n'y a que bassesse, ignominie, audace et corruption. — Quel philtre possèdent donc ces magiciens pour frapper ainsi les esprits d'anesthésie, glacer les cœurs, figer le sang dans les veines?

Les grandes vues intellectuelles, la noblesse, la prudence, la véritable habileté, la bravoure même, tout cela manque à ces séducteurs du peuple; tout fléchit pourtant devant eux, ils grandissent malgré les protestations de l'opinion, malgré l'opposition chaque jour plus

timide des gens de bien ; ils montent, ils montent sans cesse jusqu'au
jour où, devant le nombre abêti,
enivré, corrompu, l'idole peut se
couronner impunément de l'au-
réole du triomphe !

Au matin de son extravagante
carrière, un homme résolu, inter-
prète de l'indignation publique,
eût arrêté l'astre dans sa cour-
se. On a pensé devoir en rire, on
s'est borné à railler, à berner
ses allures, laissé libre d'agir, le
diable s'est fait légion. La fronde
de David n'eût point été nécessaire
pour terrasser un ennemi qui n'é-
tait pas Goliath ; on a aujourd'hui
devant soi l'innombrable armée de
tous les sybarites, avides de puiser
à la corne d'abondance.

Comment expliquer par un phénomène naturel, l'incomparable
fortune de ce méchant avocat d'Ar-
ras, orateur médiocre, sec et froid,
à la phrase d'une fadeur sentimen-
tale, qui pendant près de trois
ans put se baigner impunément
dans le sang français? Il n'avait pas
de baignoire d'argent ce tigre al-
téré, il eut pu la remplir du
sang versé à torrents. Quand au 9
thermidor il en étouffa, lorsque
pâle et tremblant le lâche sicaire
vit approcher la mort, le monstre
ne songea pas à dire que la fortune
de la France mourait avec lui.

La fortune de la Révolution est
le fléau de Dieu qui, en expiation
du passé, détruit le présent et passe
semant sa route de ruines ; — elle
n'a pas d'avenir !

L'expiation est dans la mesure
des fautes. La société du xviiie siècle
pécha par l'orgueil et le blasphème
philosophique : Danton, Marat,
St-Just, Carrier, Lebon, Schneider,
ce prêtre apostat qui voyageait avec
une guillotine, en furent les exécu-
teurs.

La société actuelle ne péche guère
par l'esprit, on ne sait vraiment où
s'est réfugié l'esprit français ? —
Elle est sans noblesse ni caractère ;
les excès du ventre la tuent ; elle
est livrée aux porcs d'Epicure !

Un bruyant orateur de club,
viveur sans vergogne, surgit de la
foule ! Aidé de quelques complices,
il fait main basse sur le pouvoir à
une heure de détresse. Ce charla-
tan, coiffé du casque de Mangin,
s'improvise chef militaire et tacti-
cien ; il a les armes d'Achille et
promet de renouveler les exploits
de la campagne de France en 1814.
On l'admire par provision ; la ruine
publique lui fait un piedestal sans
précédent dans notre histoire, il
nomme et destitue les généraux,
il fait des levées d'hommes ; un
ordre de lui les envoie à la mort,
pendant qu'il savoure les délices
de la puissance souveraine.

Un instant, son étoile, pâlit : la secte dont il émane en relève bientôt l'éclat ; elle trouve partout des complices pour le sauver ; et le voilà qui, par une résurrection soudaine, sort du linceul et d'un seul bond, s'élance au Capitole.

Il déclare la guerre à Dieu et à l'Eglise ; il traite du haut en bas l'épiscopat français ; il pousse le gouvernement aux pires excès ; il outrage tout ce que la nation respecte et vénère, sa fortune ne baisse pas : cent fois il a désespéré le patriotisme et le bon sens, cet homme, que Byzance avilie n'eût pas voulu pour chef est notre maître à tous.

Il fait et défait les ministres, il reçoit les ambassadeurs, il décide de la paix et de la guerre, il a ses officiers, ses généraux, ses courtisans, il inspire les décisions d'un Parlement croupion, en un mot, il règne !

Voilà la fortune de la Révolution!

Comment expliquer ce mystère, sinon par la puissance de cette divinité d'en bas, comme eussent dit les anciens, âme et directrice des sociétés secrètes! Qu'elle lâche son favori, vous verrez le fétiche tomber à terre, brisé en mille morceaux !

Encore un exemple instructif de ce redoutable courroux de la divine

Providence, laissant rouler dans la fange les peuples qui s'y complaisent ! Quoi de plus étrange que l'immoral prestige, dont l'Europe a couronné ce flibustier sans aveu d'un courage problématique, venu en France à l'heure de l'invasion, avec sa cohorte d'étrangers cosmopolites, pour s'y vautrer dans l'orgie; condottierre, prompt à glorifier le nouvel Empereur d'Allemagne, dès qu'il nous voit définitivement vaincus ; forgeant des bulletins de victoires, entravant la défense et laissant par son impéritie écraser notre armée de l'Est qu'il devait dégager par une diversion attendue.

L'enquête est là qui l'accuse !

Cet aventurier est un personnage marquant en Europe, une quasi divinité en son pays : un jour les lords de fière Angleterre (*shoking*) ! se levèrent pour saluer respectueusement le fantoche Italien, enfant gâté des sociétés secrètes, qui voue les rois à l'assassinat, mais ne dédaigne pas de se faire attribuer, comme à un souverain, une grasse liste civile dont il ne fait part à personne !

Voilà bien la fortune de la Révolution !

Nos religieux sont chassés, nos autels profanés, nos pontifes humiliés, persécutés par les francs-maçons chefs du pouvoir. Cependant les héros de la révolution, ridicules plagiaires qui s'amusent à décalquer les profils sinistres de leurs devanciers, trouvent parfois des avocats officieux dans les rangs de ces timides qu'on appelle les honnêtes gens.

Phénomène invraisemblable ! C'est à ce signe que l'on reconnait le fortune de la Révolution : quand on voit les personnages à l'œuvre, on se dit que leur insolent triomphe est sans explication naturelle.

Ce sont, en réalité, les personnages de l'Apocalyse qui passent !

À ceux qui ont encore les oreilles de l'esprit d'entendre !

Une progression sensible nous entraine vers l'abîme.

Hier, avant le règne de l'avocat gênois, un soi-disant prince d'origine douteuse, à physionomie étrange, n'ayant dans l'accent rien de français, batteur d'estrade en quête d'un trône, compromis dans de vulgaires échauffourées, se présente à Strasbourg puis à Boulogne, un aigle au poing, pour ressusciter l'Empire !

Ces deux absurdes tentatives devaient le tuer sous le ridicule : erreur complète ! La secte qui l'a lancé, le défend ; ce prince de la rampe est l'agent, le mannequin de la Révolution. Lorsqu'à Ham, près de Crécy, les portes de la prison s'ouvrirent pour le fugitif, il pouvait dire :

« Laissez passer la fortune de la Révolution ! »

Celles de la France s'ouvraient bientôt pour lui.

La révolution sa mère lui destinait une couronne ; — il eut à jouer un rôle de transition et s'en tira bien. Il eut l'art de se couvrir d'assez d'hypocrisie pour tromper les catholiques, ce délégué de la Vente suprême de Césène !

Nous lui devons Rome livrée au Piémont, le Pape découronné, l'unité italienne, le désastre du Mexique, l'unité allemande, la France démembrée, sans compter les ruines morales amoncelées, l'agiotage effréné, la corruption partout ; il a été le précurseur de la persécution actuelle.

— L'astuce de cet homme et le prestige de son nom avaient été jugés utiles à la marche de la Révolution. La France fut à la fois victime et complice de ses crimes.

L'expiation n'est pas encore achevée !

Aujourd'hui, la Révolution délaisse les masques, elle s'avance hardiment à visage découvert, le mouvement ne s'accélère même peut-être que trop à son gré ! Qui sait, si, pour lui imprimer une modération relative, elle n'essaiera pas un jour de nous imposer quelque rejeton de cette fausse race de princes, sans noblesse comme sans tradition, la personnifiant exactement dans son esprit, ses tendances et son but?

Quelques syptômes permettent de le craindre.

Faut-il désespérer de la fortune de la France? Oh! non, très-certainement!

Mais il faut bien arriver à comprendre ce que tant de catholiques ne paraissent pas soupçonner; que tout ce qui se passe, tout ce qui leur paraît si décousu ou si incohérent, n'est que l'exécution méthodique d'un plan longuement prémédité, conçu dans les arcanes des sociétés secrètes, où se rencontrent, unis dans le pacte d'une fraternité infernale, la plupart des personnages, et parfois des princes, qui, sur la scène du monde, paraissent si étrangersles uns aux autres.

Sans ce fil d'Ariane, il est impossible de saisir le sens et la logique des événements.

En résumé, l'ennemi est armé surnaturellement, il faut lui opposer des armes surnaturelles; au blasphème, répondre par la prière; à l'orgie, par la mortification; supprimer ces vaines dissipations du monde qui, en ces jours de deuil, insultent au malheur et sentent l'apostasie. On devrait enfin comprendre que les profanations sacrilèges exigent des expiations publiques !

La délivrance sera le prix de notre foi et de la réforme de nos mœurs !

Qu'un saint se lève sur la terre et le salut ne sera pas loin.

Dieu n'a jamais donné aux persécuteurs qu'un temps limité. Il ne refusera pas d'écouter nos supplications suprêmes ; invoquons la divine providence, demandons-lui de susciter un de ces hommes de cœur et d'énergie qui sauvent les peuples !

Il faut un saint pour apaiser la justice de Dieu, pour servir d'instrument à son œuvre de miséricorde et de salut. Le monde attend un de ces héros, comme l'histoire en a vu surgir aux époques troublées ; un homme ayant le génie du commandement et la main d'un chef ; un prince entouré de prestige, imposant le respect par l'antiquité de sa race et la majesté de sa personne, attirant les foules, apaisant la tempête par la séduction du regard et son grand air d'autorité.

Que Dieu suscite celui qui domptera le monstre à nos flancs attachés, ce tyran dont notre lâcheté fait la force.

Mais cet homme providentiel, ce saint, ce sauveur de la patrie, il existe! Le descendant de saint Louis, le petit-fils de Henri IV, par la sainteté de sa vie, la pureté de ses mœurs, l'énergie de son âme, se présente bien comme l'instrument prédestiné, dont Dieu va daigner se servir pour barrer la route à la Révolution et à son idole. Il semble réservé à la grande mission de museler le fauve; c'est lui qui rétablira parmi nous le règne de la justice, de la liberté et du droit, à l'abri de ces institutions nationales qui, pendant des siècles, ont fait la grandeur, la prospérité de la France.

Que Dieu lui ouvre bientôt les portes de la patrie, et que chacun se souvienne que, si on peut sans félonie discuter l'autorité d'un Roi sur le trône, le Roi exilé a droit à une obéissance sans réserve. Prions et soyons prêts, le moment ne paraît pas éloigné, où le descendant de tant de rois pourra dire, lui aussi, comme Philippe VI :

« Ouvrez, c'est la fortune de la France! »

Brest. — Imp. F. HALÉGOUET, rue Kléber, 11.